COOL CHRISTMAS

Deutsche Weihnachtslieder in neuen Arrangements

Für Gesangsstimmen (chorisch oder solistisch) und Klavier

Arrangiert und komponiert von
Peter Przystaniak

EIGENTUM DES VERLEGERS · ALLE RECHTE VORBEHALTEN
ALL RIGHTS RESERVED

Edition Peters Ltd & Co. KG, Leipzig

Ein Unternehmen der EDITION PETERS GROUP
LEIPZIG · LONDON · NEW YORK

Inhalt

1. Macht hoch die Tür, die Tor macht weit 2
2. Lasst uns froh und munter sein 6
3. Morgen, Kinder, wird's was geben 8
4. Morgen kommt der Weihnachtsmann 10
5. Leise rieselt der Schnee 12
6. Fröhliche Weihnacht überall 16
7. Ihr Kinderlein kommet 20
8. Kling, Glöckchen 22
9. Süßer die Glocken nie klingen 26
10. O Tannenbaum 30
11. O du fröhliche 32
12. Stille Nacht 34
13. Die dicke rote Kerze 36
14. Christmas Dreams 42
15. Cool Christmas 48

Covergestaltung: Goscha Nowak

Edition Peters 11398

© 2014 by Edition Peters Ltd & Co. KG, Leipzig
Alle Rechte vorbehalten · All rights reserved
Vervielfältigungen jeglicher Art sind gesetzlich verboten.
Any unauthorized reproduction is prohibited by law.
ISMN 979-0-014-11769-6

Vorwort

COOL CHRISTMAS umfasst eine Auswahl von zwölf traditionellen deutschen Advents- und Weihnachtsliedern, die in einem modernen Sound neu arrangiert sind, ergänzt durch drei eigene Songs. Neu ist hier vor allem der harmonische Klang der bekannten Weihnachtslieder sowie die rhythmische Phrasierung, die an popularmusikalische Rhythmen angelehnt ist und für einen „coolen" Sound sorgt.

Dank des modularen Konzepts, das dem vorliegenden Repertoire zugrunde liegt, können die Songs nicht nur chorisch, sondern auch in anderen vokalen und instrumentalen Besetzungen musiziert werden. Selbst die formalen Abläufe (Verse – Refrain) lassen sich je nach Anlass variabel gestalten.

Die Idee hierzu entstand im Klavier- und Jazztheorieunterricht mit Schülern, die die allseits bekannten Advents- und Weihnachtslieder in der üblichen Art nicht spielen wollten, sich aber für meine neuen Jazz- und Pop-Versionen begeisterten. So wurden die ursprünglichen Fassungen für Klavier solo zunächst durch eine Singstimme erweitert. Es folgte die Ergänzung von 1-2 zusätzlichen Instrumenten in C (Block-/Querflöten, Violinen, etc.) und Bb (Klarinetten, Trompeten, etc.), und schließlich die chorische Fassung, die den Mittelpunkt dieser Ausgabe bildet. Die Besetzung ist SSAB und Klavier, wobei das „B" hier für eine Männerstimme in Mittellage steht, die ggf. auch entfallen kann. Der Schwierigkeitsgrad reicht von leicht bis mittelschwer.

COOL CHRISTMAS möchte dazu anregen, wieder mehr im Familien- und Freundeskreis gemeinsam zu musizieren. Gleichzeitig möchte es mit den neuen Arrangements dazu beitragen, die schönen alten deutschen Advents- und Weihnachtslieder auf lebendige Art und Weise zu bewahren und sie in einen modernen Kontext zu stellen.

Zusätzlich zu den bekannten Stücken schließt das Heft mit drei hitverdächtigen Neukompositionen, die eine wundervoll ‚coole' Erweiterung des Weihnachtsrepertoires darstellen.

Peter Przystaniak

Mein besonderer Dank gilt Maximilian Appel, Markus Brückner, Hans-Joachim Dumeier, Irith Gabriely, Ria Hamilton, Marc Jullien, Kira Kugelstadt, Hannes Latocha, Daniel Louis, Claudia Nicolai, Mathias Schlachter, Hajo Sedlatschek, Anja Stroh, Sigrun Thiel und Jonas Weber.

Peter Przystaniak

Für Anja Stroh

1. Macht hoch die Tür, die Tor macht weit

Melodie: Halle, 1707
Text: Georg Weissel (1590–1635)
Arr.: Peter Przystaniak

*) 'B' steht für Bariton (mittlere Männer-Stimmlage)

Edition Peters 11398

© 2014 by C. F. Peters

2. Lasst uns froh und munter sein

*) Die linke Hand spielt in der 4. Strophe nur die eingeklammerten Noten.

3. Morgen, Kinder, wird's was geben

Melodie: Karl Gottlieb Hering, 1809
Text: Karl F. Splittegarb, 1795
Arr.: Peter Przystaniak

4. Morgen kommt der Weihnachtsmann

Melodie: aus Frankreich, um 1760
(Ah! vous dirai-je, Maman)
Text: nach Hoffmann v. Fallersleben, 1835
Arr.: Peter Przystaniak

Edition Peters 11398

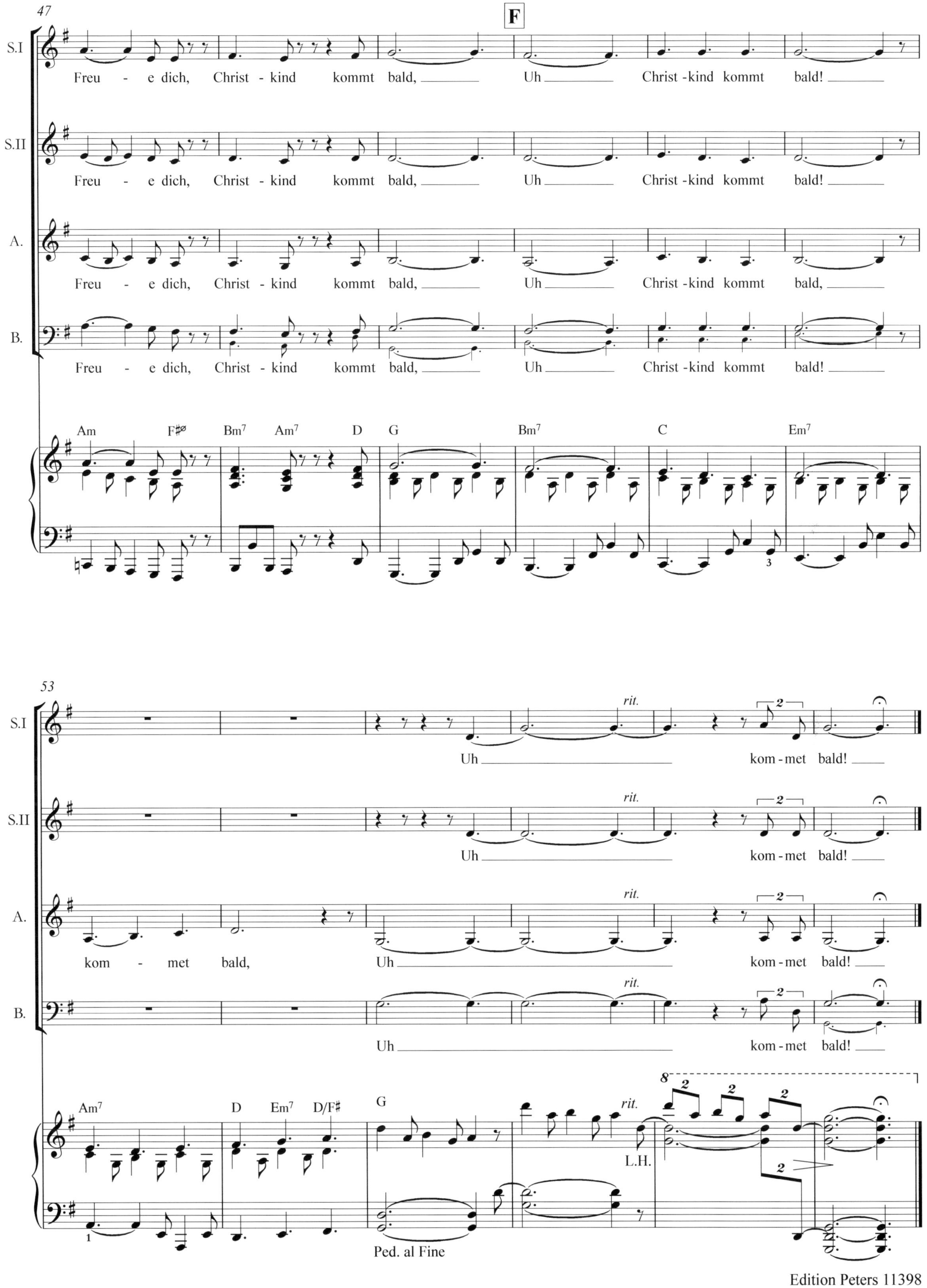

15

6. Fröhliche Weihnacht überall

Aus England
Arr.: Peter Przystaniak

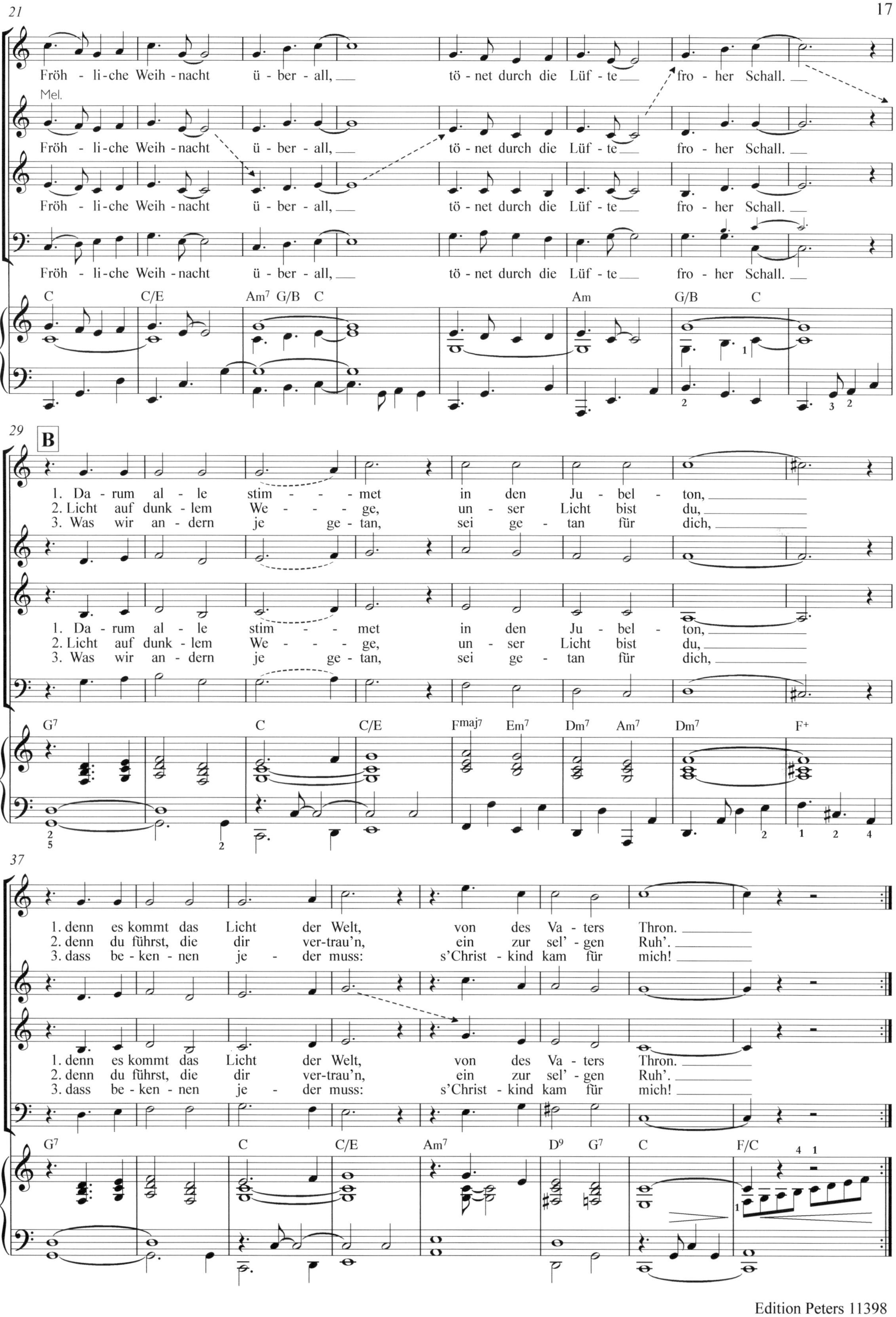
S.I
S.II
A.
B.
Mel.
Fröh - li-che Weih - nacht ü - ber - all, tö - net durch die Lüf - te fro - her Schall.
C C/E Am7 G/B C Am G/B C
B
1. Da - rum al - le stim - met in den Ju - bel - ton,
2. Licht auf dunk - lem We - ge, un - ser Licht bist du,
3. Was wir an - dern je ge - tan, sei ge - tan für dich,
G7 C C/E Fmaj7 Em7 Dm7 Am7 Dm7 F+
1. denn es kommt das Licht der Welt, von des Va - ters Thron.
2. denn du führst, die dir ver - trau'n, ein zur sel' - gen Ruh'.
3. dass be - ken - nen je - der muss: s'Christ - kind kam für mich!
G7 C C/E Am7 D9 G7 C F/C

7. Ihr Kinderlein kommet

Melodie: Johann Abraham Peter Schulz, 1794
Text: Christoph von Schmid, 1811
Arr.: Peter Przystaniak

8. Kling, Glöckchen, klingelingeling

Melodie: Benedikt Widmann (1822–1910)
Text: Karl Enslin
Arr.: Peter Przystaniak

9. Süßer die Glocken nie klingen

21
B
S.I
S.II
A.
B.
p
Wie sie ge - sun-gen in se - li - ger Nacht, wie sie ge - sun-gen in se - li - ger Nacht.
seg - net den Va - ter, die Mut - ter, das Kind, seg - net den Va - ter, die Mut - ter, das Kind.
Wie sie ge - sun-gen in se - li - ger Nacht, wie sie ge - sun-gen in se - li - ger Nacht.
seg - net den Va - ter, die Mut - ter das Kind, seg - net den Va - ter, die Mut - ter, das Kind.
Gm7/C Fmaj7/C C(sus9) Fmaj9 Gm7/C Fmaj7/C A7alt. Dm7
3

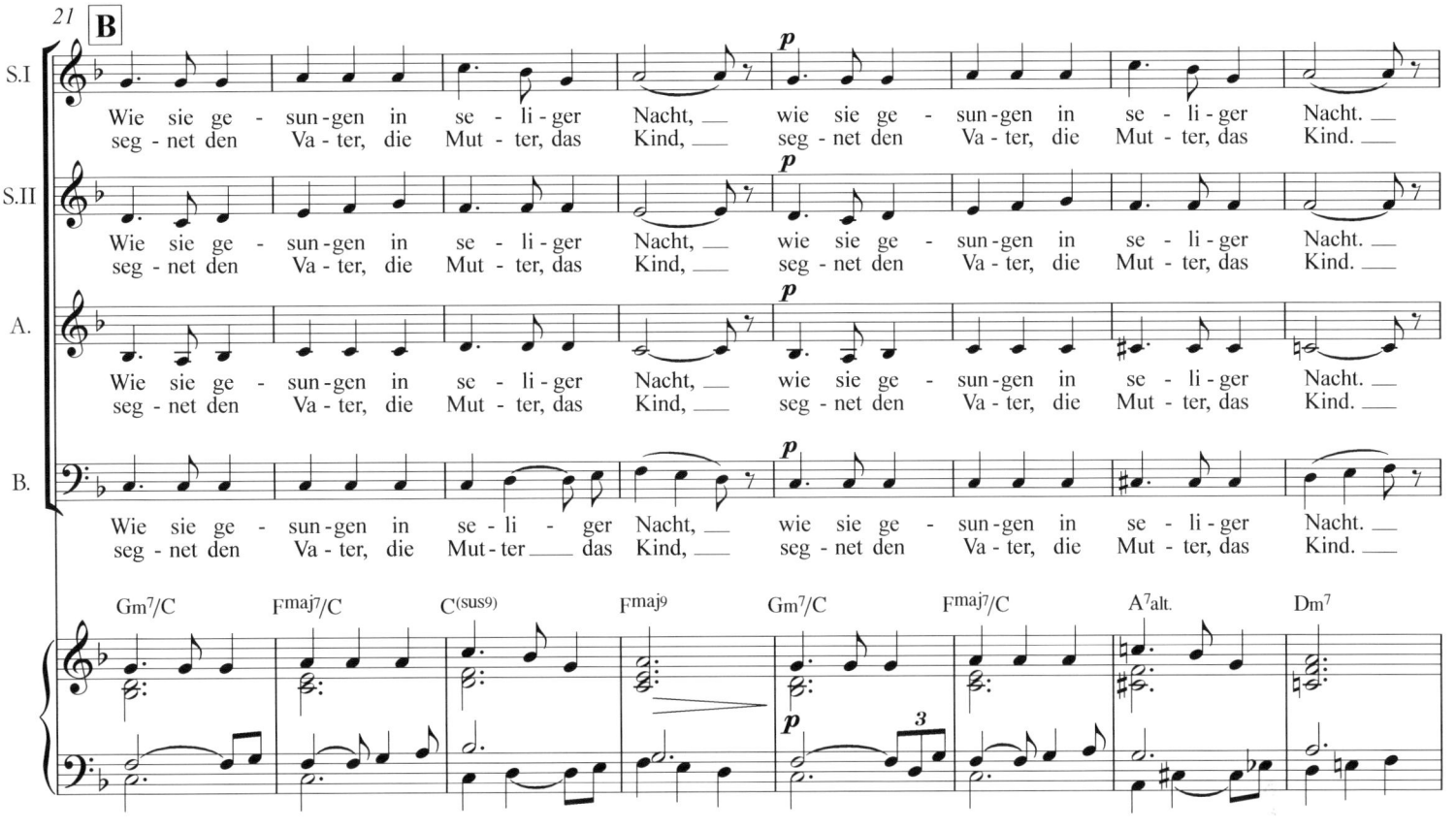

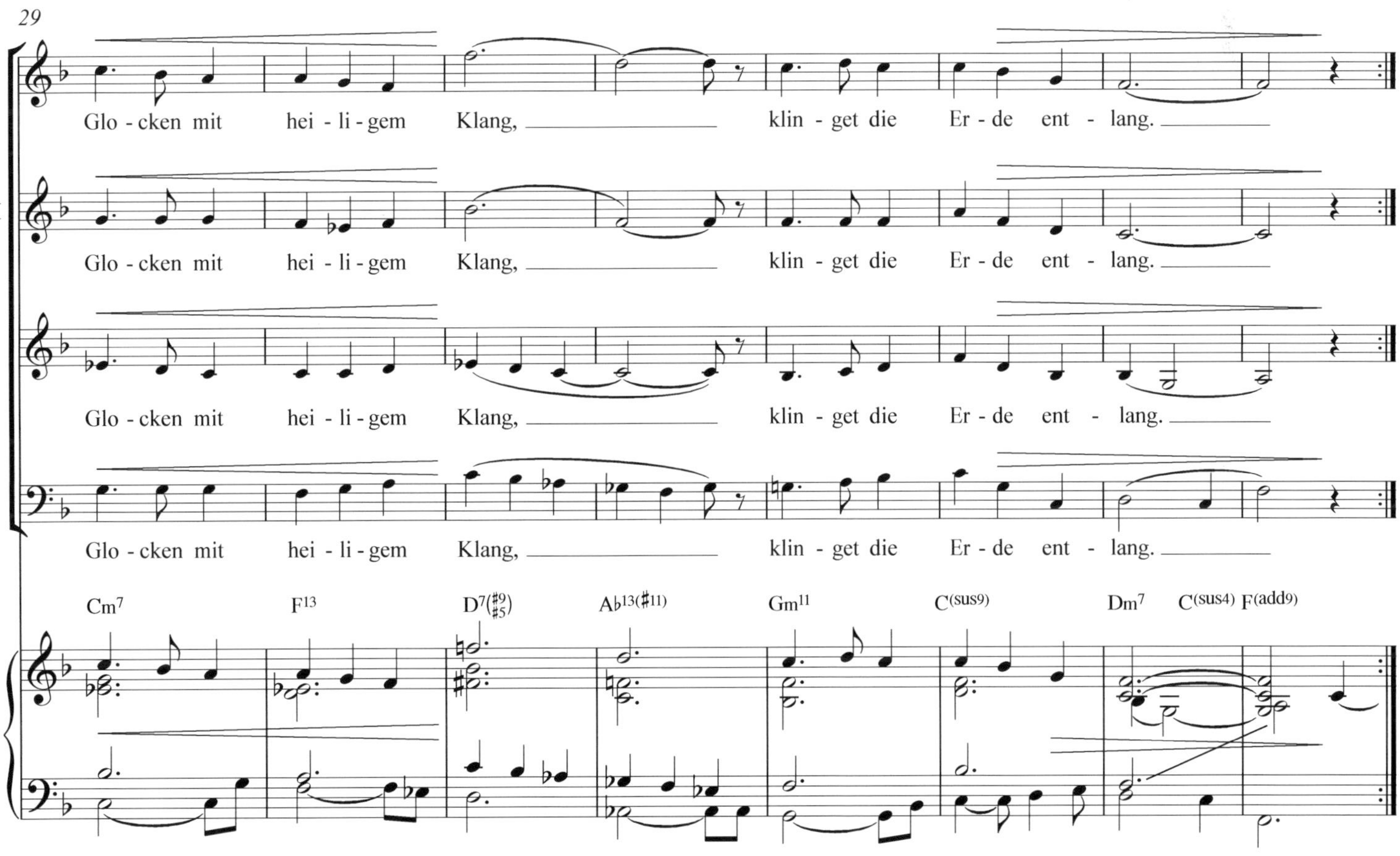
29
S.I
S.II
A.
B.
Glo - cken mit hei - li - gem Klang, klin - get die Er - de ent - lang.
Cm7 F13 D7(♯9 ♯5) A♭13(♯11) Gm11 C(sus9) Dm7 C(sus4) F(add9)

10. O Tannenbaum

Melodie: nach einem Handwerkslied, um 1800
Text: August Zarnack / Ernst Anschütz, um 1820
Arr.: Peter Przystaniak

für Hedi Betzel

13. Die dicke rote Kerze

Musik: Peter Przystaniak, 2013
Text: Anja Stroh, 2013

14. Christmas Dreams

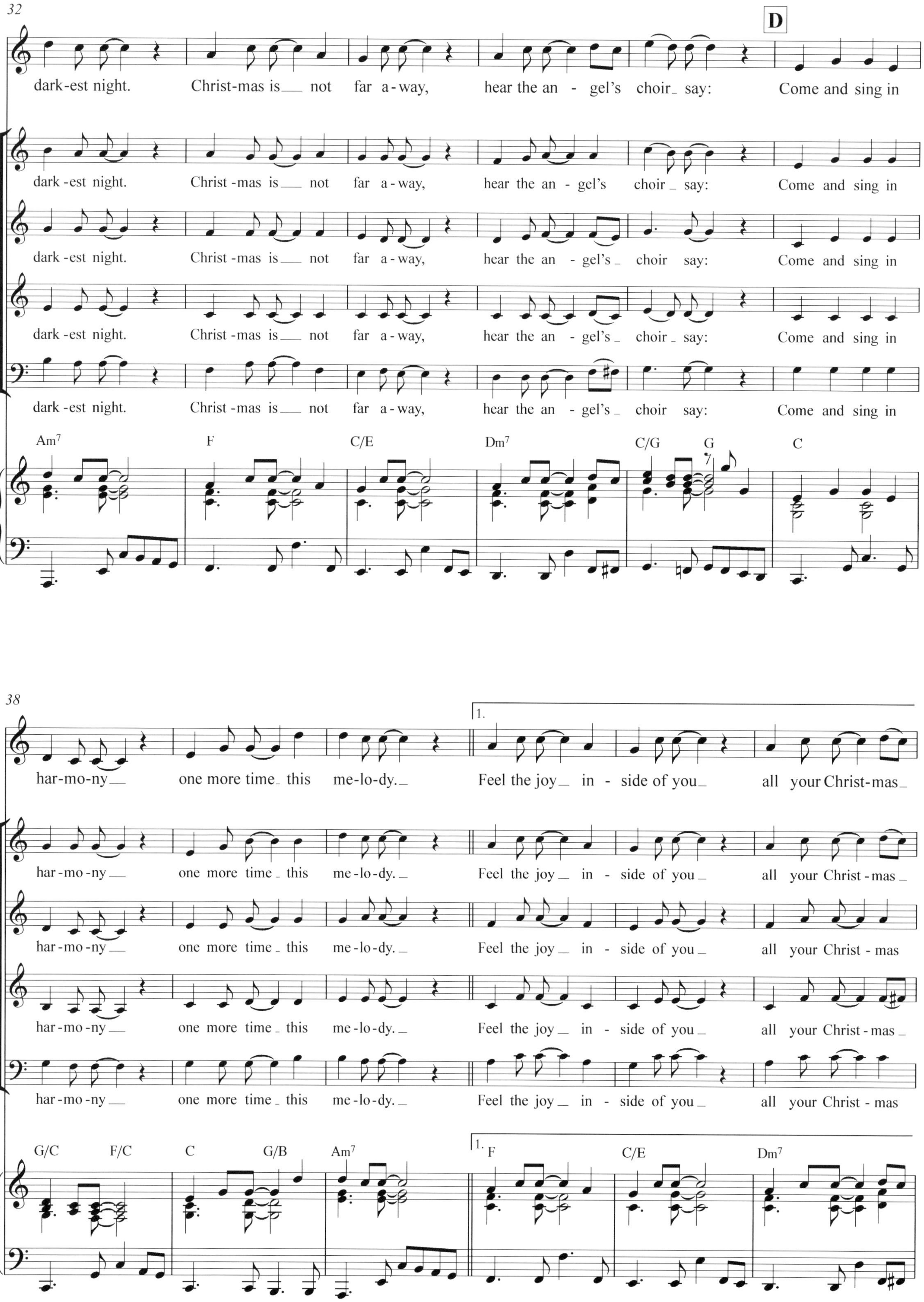
32
D
Solo
S.I
S.II
A.
B.
dark-est night. Christ-mas is not far a-way, hear the an-gel's choir say: Come and sing in
Am7 F C/E Dm7 C/G G C
38
1.
har-mo-ny one more time this me-lo-dy. Feel the joy in-side of you all your Christ-mas
G/C F/C C G/B Am7 F C/E Dm7

15. Cool Christmas

Peter Przystaniak ist als Dozent für Klavier und Musizierpraxis mit Schwerpunkt Jazz- und Popularmusik an der Akademie für Tonkunst in Darmstadt tätig und arbeitet außerdem als Pianist, Komponist und Arrangeur. Przystaniak hat zahlreiche Arrangements und Eigenkompositionen veröffentlicht, darunter die erfolgreichen Reihen für Solo-Instrumente und Klavier *That's Klezmer* und *Five Angels* (Edition Peters).

Folgende Ausgaben sind erhältlich:

- Chor (SSAB) und Klavier (Partitur)   EP 11398

    Vierstimmiger Chorsatz für drei Frauenstimmen und eine Männerstimme (Baritonlage)

- Solo-Singstimme und Klavier   EP 11398a

    Enthält die Melodiestimme und die Klavierbegleitung, die auch solistisch verwendet werden kann.

- Instrumentalpaket   EP 11398b

    Enthält Stimmen für Sopranblockflöte, Tenorblockflöte, C-Instrumente (Querflöte, Violine), Bb-Instrumente (Klarinette / Trompete) und eine Bassstimme (Cello, Bass) mit Akkordsymbolen (für Gitarre, Akkordeon ad lib.).

- Chorpartituren in Einzelausgaben:
    1. Macht hoch die Tür, die Tor macht weit   EP 11398-1
    2. Lasst uns froh und munter sein   EP 11398-2
    3. Morgen, Kinder, wird's was geben   EP 11398-3
    4. Morgen kommt der Weihnachtsmann   EP 11398-4
    5. Leise rieselt der Schnee   EP 11398-5
    6. Fröhliche Weihnacht überall   EP 11398-6
    7. Ihr Kinderlein kommet   EP 11398-7
    8. Kling, Glöckchen   EP 11398-8
    9. Süßer die Glocken nie klingen   EP 11398-9
    10. O Tannenbaum   EP 11398-10
    11. O du fröhliche   EP 11398-11
    12. Stille Nacht   EP 11398-12
    13. Die dicke rote Kerze   EP 11398-13
    14. Christmas Dreams   EP 11398-14
    15. Cool Christmas   EP 11398-15

Zu jedem Stück ist ein Audiofile als Download erhältlich unter www.editionpeters.com/coolchristmas.

(Backing Track, Klavier: Peter Przystaniak, Bass: Marc Jullien, Schlagzeug: Daniel Louis, Tonstudio: Markustik Audio, Tonmeister: Markus Brückner)